le pays
au-delà du crépuscule

Collection *encre marine*
ISBN 2-84186-305-0

stéphane baumont

le pays au-delà du crépuscule

friedrich nietzsche & anne frank à sils-maria

encre marine

Bien après seulement ferait son entrée – pic solitaire et gelé tout miroitant de cassures de mica – ce nom de lieu à la blancheur aussi de perce-neige : Sils-Maria.

Michel Leiris, *Frêle bruit*

Loin, loin d'ici, existe un beau Pays que nul œil humain n'a jamais vu aux heures de veille. Au-delà du Crépuscule il s'étend, là où l'horizon lointain marque la frontière du jour, et où les nuages, resplendissants de lumière et de couleur, sont comme une promesse de la gloire et de la beauté qui l'entourent.

Bram Stoker (1881)

Et le murmure des Engadines t'est familier.

Pierre-Jean Jouve

2005, à Sils-Maria, au début du mois de mars.

LE FROID EST PLUS QUE VIF. La Finlande l'emporte sur l'Italie alors que d'habitude l'Engadine les confond. Devant l'aigle de la Maison de Nietzsche une imposante sculpture : celle du visage du philosophe ciselé dans la glace bleue verte des profondes températures. Un peu plus haut, en levant la tête à gauche de la forteresse de l'Hôtel Waldhaus, monument de la Belle Époque, un chalet, la Chesa Larêt. Anne Frank y passa ses vacances d'été en 1935 et 1936. De sa chambre elle voyait le bureau où Nietzsche travailla pendant une dizaine d'années.

En 1941, elle écrit à sa grand-mère : « Vous vous plaisiez à Sils-Maria ? » En 2005, sous les flocons de neige, la Chesa Larêt est toujours là. Point de pèlerinage dans la chambre qu'elle occupa. La Maison est occupée par l'Université de Genève. Mais Sils-Maria n'est décidément pas Amsterdam. Là, pas de sculpture du visage universellement connu d'Anne Frank. Une autre sculpture : celle mobile de Paul Gugelmann. Dans la neige de mars 2005, une minuscule pancarte en fer avec cette explication : « Sils-Maria un îlot de paix, une sculpture mobile de Paul Gugelmann. En souvenir d'Anne Frank ». Il neige à gros flocons sur Sils-Maria. La couche peu à peu s'épaissit. La pancarte s'enfonce dans le blanc. Heureusement le mobile bouge avec le vent. Dans le craquement du fond des temps des sapins ; le Pays au-delà du crépuscule peu à peu se dessine : Friedrich Nietzsche et Anne Frank enfin se rencontrent...

DANS LA NUIT NOIRE qui fond sur Sils-Maria, une bougie. Lumière au premier étage d'une petite maison lovée dans son contrefort de granit. Presque une grotte. Un homme à l'épaisse moustache marche puis s'assoit à son bureau. Il écrit puis s'interrompt. Portant la plume à la commissure des lèvres, puis lissant dans un mouvement lent les poils de sa moustache, il regarde droit devant lui. Dans la nuit noire qui fond sur Sils-Maria, une bougie dans le clapotis des vaguelettes des lacs soulevées par le vent de ce plateau de la haute-Engadine. Friedrich Nietzsche ouvre un peu plus les battants de la fenêtre, les rideaux écartés butant sur le trop noir d'une nuit où là-haut, juste en face de lui, une autre bougie luit, vacillante.

Le philosophe s'assoit. Il laisse de côté une lettre à peine commencée. Il la destine à sa mère. Il se prend la tête entre les mains, ouvre les yeux puis les ferme. Le vent froid de l'Engadine lui fouette le visage. Droit devant sur le promontoire, une masse, chalet monumental, dresse sa masse noire. Dans la nuit noire qui fond sur Sils-Maria, Friedrich Nietzsche distingue, à la lumière tremblante de la bougie, une silhouette.

Celle-ci marche aussi. Derrière la plus haute des fenêtres du chalet. Tous les autres volets sont fermés. Chalet replié sur lui-même derrière l'hôtel Waldhaus, grand hôtel de l'aristocratie de la Belle Époque. Maison forte aux côtés du château fort : de la petite chambre de l'une comme de l'impressionnante tour de l'autre, l'Europe du Nord d'un côté, l'Europe du Sud de l'autre. Comme si le haut plateau de l'Engadine – de la haute Engadine faudrait-il répéter, tant tout ici est haut – basculait avec brutalité au Col de Maloja dans la Lombardie du Lac de Côme, au point circonflexe aussi majestueux que les jardins et terrasses ponctuant de leurs syllabes ses flancs côtiers, Giulia, Melzi, Sommariva, Serbelloni et donnant à notre respiration d'entre-monts les pulsations chantantes d'un cœur qui cogne, heureux.

La silhouette dans ce chalet-monument qui fait face, en le surplombant, à la maison de Nietzsche, ressemble à une jeune enfant – jeune fille ou jeune garçon ? – de cinq ou six ans. À la faveur d'une étoile plus filante que les autres, le philosophe, toujours à sa table de travail, mais maintenant assis, croit deviner les amples plis d'une chemise de nuit. Large enveloppe du corps de la silhouette dans la nuit noire qui fond sur Sils-Maria. Silhouette autour de la bougie.

Plis du visage buriné par l'insomnie du philosophe fixant désormais debout, au-delà du Crépuscule, dans ce pays d'Après, l'énigmatique silhouette de cette jeune fille, seule, tout là-haut, derrière volets et battants ouverts du chalet-monument. C'est le chalet des Spitzer, souffle le cadastre dans la nuit noire qui fond sur Sils-Maria. D'un pli à l'autre l'immense carte, échappé de la mairie des bords du Lac et de sa presqu'île monte le chemin escarpé qui serpente dans la forêt pour aller de la maison de Nietzsche à celle de la silhouette de la jeune fille dans la nuit.

L'horloge, sentinelle de la nuit du philosophe comme de la jeune fille, sonne trois heures du matin. Elle avait appartenu au maire de Sils-Maria, enclave communale dans la forteresse de haute Engadine. Elle donnait au noir de la nuit des couleurs de glace et de neige. Elle réveillait la montagne qui, parfois, répliquait à coups d'avalanches ou de plaques à vent l'hiver ; même parfois de sons très particuliers quand le vent jouait sur les touches des pianos et des orgues des cascades de glace. Car les hivers étaient rudes, très rudes sur ces hauts plateaux de haute Engadine.

Hauts plateaux de la haute Engadine… Hauts plateaux de la haute Engadine… Hauts plateaux de la haute Engadine… Douce antienne de la Sils-Maria de Nietzsche à la lumière de cette bougie d'au-delà du Crépuscule dans ce beau pays, dans ce beau pays d'Après, quand la mort des êtres les réunit dans ce présent d'éternité que ménagent sans effort des neiges d'ailleurs éternelles. Douce antienne de la Sils-Maria de cette princesse du chalet des Spitzer dont les lumières de la bougie, même vacillante sous le vent qui montait du lac après l'avoir strié de vaguelettes, commençaient à révéler la douloureuse identité.

Les Spitzer étaient, en effet, les propriétaires de ce chalet.

Ils y invitaient régulièrement leurs plus proches amis. Parmi eux les Frank, la famille Frank, Anne Frank. C'est elle, la silhouette dans les plis de la nuit de ces années 1935, 1936, quand l'Europe, celle du Sud comme celle du Nord, celle aussi de l'Europe centrale bascule dans l'abîme.

NIETZSCHE ÉCRIT. Sur son papier, avec son encre, là, au clair de la nuit noire, dans la maturité qui lui permet de vaincre enfin sa « maladie de jeune homme » – c'est ainsi qu'il qualifie les sentiments anti-juifs de n'importe quel enfant élevé dans la religion chrétienne – il écrit (*Par-delà le bien et le mal*, § 251) :

> Je n'ai pas encore rencontré un seul Allemand favorable aux juifs ; si radicalement que les esprits prudents et les têtes politiques condamnent l'antisémitisme proprement dit, cette prudence et cette politique ne répudient pas le sentiment antijuif lui-même, mais seulement ses dangereux excès, en particulier l'expression répugnante et odieuse de ce sentiment forcené – ne nous y trompons pas.

ANNE A SIX ANS. Elle est tout au bonheur de la montagne et de ses edelweiss, de ces forêts de mélèzes qui semblent pousser le Val Fex vers les rochers et les glaciers. Anne profite des jours. Anne profite des nuits. Anne est là dans la nuit noire qui fond sur Sils-Maria. Une bougie l'éclaire, elle écrit. Mais ce journal du pays et du temps d'Après, du pays d'Après le Crépuscule, elle l'écrit avec le philosophe dans l'heureux et complice partage des bougies de l'une et l'autre habitation, maison, petite maison du bourg de Sils-Maria dans l'ombre portée de la falaise de granit et du monumental Waldhaus ; chalet, chalet-fort au-dessus des trois lacs qui dessinent la géographie poétique de l'histoire de la haute comme de la basse-Engadine.

Friedrich Nietzsche habitait donc (habita donc), travaillait donc (travailla donc) dans cette petite pièce au premier étage de cette petite maison sise à Sils-Maria. De la fenêtre de sa chambre, les deux battants entrouverts ou les rideaux tirés, il voyait, en levant les yeux, ce grand chalet juste au-dessus des sapins.

Au bout de la plume du philosophe, l'encre d'*Aurore*, les lignes peu à peu écrites d'*Au-delà du Bien et du Mal*. Aurore comme celle qui survient après la longue nuit de Sils-Maria. Aurore comme Anne Frank et tous ces matins du monde de l'Engadine quand le soleil naissant des estives de 1935 et 1936 envahissent d'éternité la petite chambre du chalet des Spitzer. On ne parlera donc jamais du chalet ou de la maison d'Anne Frank comme on parle encore aujourd'hui de la Maison de Nietzsche (avec un grand M ; avec un grand N). On parlera donc toujours de Sils-Maria comme un des hauts lieux de la terre où Nietzsche, près du rocher de Silva-Plana – qui ressemble d'ailleurs à une copie réduite de la montagne se découpant derrière du côté de la JulierPass – découvrit puis rédigea la philosophie de l'éternel retour. Si « Dieu est mort » Nietzsche est toujours présent dans le bourg, sur la presqu'île de Chasté, au-delà des eaux du lac et sur la glace transparente puis recouverte de neige des autres lacs qui dessinent la plus belle des mers intérieures au cœur des vagues granitiques dont l'écume des glaciers vient doucement pénétrer le corps. Si « Dieu est mort », Anne Frank, dans la nuit qui fond sur Sils-Maria, regarde encore plus attentivement la bougie. Elle vacille sous la force et la puissance du propos. Le philosophe veut-il la prévenir, elle, la jeune enfant dont les parents viennent de quitter l'Allemagne hitlérienne pour les Pays-Bas républicains de Spinoza. La bougie s'éteint, puis se rallume. Anne porte déjà sa chemise de nuit – noire comme la nuit qui fond sur Sils-Maria, blanche comme l'éternité de la neige métamorphosant le Val Fex abandonnant l'armée vigoureuse des sapins en camp de base des expéditions vers des « Mont Analogue », dans ce pays d'Avant déclinant déjà les grammaires mystérieuses du pays d'Après le Crépuscule, là où, sensibilités et écritures confondues, le Philosophe et l'héroïne juive se retrouvent et dialoguent. Si « Dieu est mort » pourquoi Friedrich Nietzsche ne l'a-t-il plus explicitement, plus fortement hurlé à Anne ?

Pourquoi, avant que Bergen-Belsen, sinistre sonorité des consonnes allemandes, crépuscule des voyelles – alors que Maria éclairait de ses romanités même canoniales le Sils de ses étés – ne devienne l'un de ces lieux où « Dieu est mort » ; Anne sans autre sépulture que le ciel de Bergen-Belsen, alors que Nietzsche laissait sa mère et sa sœur fermer le cercueil sans pour autant que la tombe fût à Sils-Maria.

HAUTE ET FORTE RÉPRIMANDE de Nietzsche couvrant les fracas du torrent déboulant plein d'écume depuis le Val Fex. Mais l'encre déchire l'espace. Il y a comme un écho éternel défiant la bousculade sonore des troupes torrentielles que l'Alpe ne cesse d'envoyer à la vallée. Un lecteur au-delà du Temps est récitant du moment. Il est personnage d'un Plutarque éternel qui n'en finit pas de tremper sa plume dans l'immémorialité d'une éternité, permettant ainsi à l'éternel lecteur, d'un chalet l'autre, dans le rouge carmin des feuilles d'automne ou le blanc immaculé d'un Engadinois polaire, d'être ce récitant à voix haute d'entre les siècles.

Nietzsche, réprimandant les antisémites voulant contenir l'immigration juive en Allemagne écrit (*Par-delà le bien et le mal*, § 251) :

> « Pas un juif de plus ! Portes closes pour les juifs, avant tout à l'Est (et aussi en Autriche) ! », tel est le vœu instinctif d'une

nation dont le type ethnique est encore faible et indécis et qui craint qu'une race plus forte ne vienne l'effacer ou l'éteindre. Or, les juifs constituent sans aucun doute la race la plus forte, la plus résistante et la plus pure qui existe actuellement en Europe ; ils savent s'imposer même dans les conditions les plus dures (mieux même que dans des conditions favorables) grâce à de mystérieuses vertus qu'on voudrait maintenant qualifier de vices, grâce surtout à une foi décidée qui n'a pas à éprouver de honte en présence des « idées modernes » ; ils changent, s'ils changent, comme l'empire russe fait ses conquêtes, comme un empire qui n'est pas né d'hier et qui a du temps devant soi, c'est-à-dire aussi lentement que possible.

Le philosophe lisse les bouts de sa moustache touffue, impressionnante au point de rentrer dans son champ de vision lorsqu'il écrit. Il reprend la plume. Face à l'irruption de jeunes nations dont l'irrédentisme signe le messianisme et sollicite, de manière révolutionnaire, l'avenir, Nietzsche rappelle que les juifs sont une civilisation ancienne et stable. Quelques nuages donnent du ciel bleu une touche d'impressionnisme. Nietzsche observe. Le récitant, entre deux sapins, sur les bords du torrent éternel, à l'aplomb des pics surplombant, lit fort. Anne entend peut-être :

Les juifs *pourraient* dès aujourd'hui avoir la prépondérance, littéralement dominer l'Europe ; c'est un fait aussi qu'ils n'y travaillent pas et ne font pas de projets dans ce sens. Pour le moment, ce qu'ils veulent et souhaitent, et même avec une certaine insistance, c'est d'être absorbés par l'Europe, ils brûlent de se fixer enfin quelque part, d'y être acceptés et considérés, de mettre un terme à leur nomadisme de « juifs errants ». On ferait bien de prendre conscience et de *tenir compte* d'une telle aspiration, où s'exprime peut-être déjà une certaine atténuation des instincts judaïques ; c'est pourquoi il serait peut-être utile et juste d'expulser du pays les brailleurs antisémites (*Pbm*, § 251).

DANS LA NUIT NOIRE qui fond sur Sils-Maria, une bougie. Droite. Puis vacillante. Elle dessine sur les poutres du plafond du philosophe d'étranges figures. Elles font remuer la nuit en lui donnant la couleur des ombres. Ombres blanches dans la tension de la nuit, au bout de cette petite langue de lumière qui évite aux cauchemars du philosophe de réveiller les incessants maux de tête si bien combattus par l'air de Sils-Maria, ses forêts, ses lacs. Doux haut plateau de l'Europe du Nord, que tes bougies comme la mienne n'évitent le noir-noir de la nuit, semble dire Nietzsche à sa bougie. Ermite de Sils-Maria, vestale de l'unique bougie éclairant d'autant mieux le bureau-chambre-à-coucher qu'il est petit, que le plafond est bas.

Dans la nuit noire enveloppant Sils-Maria, cette brume venant du Lac de Côme et franchissant le Col de Maloja, pose un voile supplémentaire sur les montagnes. Et pourtant ce n'est pas là, ce soir, nuit de pleine lune, mais pleine nuit de noir ou presque. Parce que la bougie brûle aussi dans la chambre d'Anne F. Elle semble tout amusée de constater qu'à sa bougie répond celle de Friedrich N. du siècle d'avant. Bougies du siècle d'avant et celle du siècle d'Après. Elles se regardent dans l'intemporalité de cette nuit. Anne ne regarde pas son plafond ni le bois des lattes qui forment les pans de sa chambre. Anne place sa bougie sur le rebord de la fenêtre. Puis elle ferme un œil pour mieux aligner les bougies. Bougies de jeune fille juive occultant l'espace d'une nuit, bougie de grand philosophe allemand. Lumières en dehors du temps basculant du plus haut des chalets à la plus basse des maisons. Entre les deux, le torrent. Son bruit, ses éclats, ses écumes, ses remous, ses vagues sauvages éternellement reproduites sur les mêmes rochers, au pied des mêmes sapins, comme la mer dans la nuit de Sils-Maria.

Dans la nuit noire de Sils-Maria, d'entre les branches des sapins, elle regardait de sa chambre les mêmes étoiles que Friedrich Nietzsche. Au cœur battant de ses insomnies douloureuses il jetait un regard vers ces constellations. Y puisa-t-il la révélation de Surlej, près de ce rocher de l'éternel retour. Y comprit-elle, Anne F., sans avoir jamais lu Friedrich Nietzsche que ces étoiles avaient été le paysage du philosophe comme de tant d'hommes avant même qu'il n'exista. Dans la nuit noire de Sils-Maria les étoiles tissaient le ciel des scintillements du chemin imaginaire liant dans l'espace le Chalet de Laret, aux contreforts du Val Fex, à la petite maison blottie près du rocher aux bords de laquelle naissait le chemin qui longeait l'impétueux torrent descendant des hauteurs. Anne regardait souvent l'espalier éclatant de cet univers. Seule dans la nuit noire de Sils-Maria. Dans le bonheur de cette nuit noire des années 1935 et 1936 quand, à quelques centaines de kilomètres à peine, la même nuit sans nuages avec les mêmes étoiles n'appelait déjà plus les jeunes adolescentes juives de l'Allemagne nazie. Exclues, dénoncées, pourchassées elles découvraient, dans l'ombre portée des partitions de Mendelsohn ou de Chopin, musiques de violon et de piano au bout de la langue comme des doigts, que la haine et la barbarie prenaient brutalement place à chaque coin de rue, dans toute boutique juive, bientôt dans chaque maison. Peut-être se disait Anne F. que ces étoiles, dans ce ciel, étaient quand même devenues complices des yeux de toutes les Anne F. anonymes de Munich, Weimar ou Tubingen cherchant là, tout là-haut dans le ciel, les racines éternelles de leur liberté.

RACINES DE LA LIBERTÉ. Place de ces racines dans l'histoire. Le Récitant d'outre-Temps de l'Engadine éternelle emplit l'espace d'entre les chalets, de fenêtre à fenêtre, dans cette lumière de l'été qui réunit les temps à force de les faire concorder. Éloge et tambours de la renommée dans le fracas des échos entre déesses protogyniques, c'est l'éloge qui creuse le plus profond et fécond des sillons dans le champ immense de l'Histoire. Le Récitant d'outre-Temps en sourit. Sa voix n'en est que plus forte. Elle porte loin, très loin. En feuilletant *Aurore* (*Œuvres complètes IV*, § 205) le titre, en lui-même, écrit déjà l'Histoire « Du peuple d'Israël » :

> Les ressources spirituelles et intellectuelles des juifs d'aujourd'hui sont extraordinaires [...]. Tout juif trouve dans l'histoire de ses pères et de ses ancêtres une mine d'exemples du sang-froid et de la ténacité les plus inébranlables au milieu de situations terribles, des ruses les plus subtiles pour tromper le malheur et le hasard en en tirant profit ; leur courage sous le couvert d'une soumission pitoyable, leur héroïsme [...] surpassent les vertus de tous les saints [...]. Ils n'ont

jamais cessé eux-mêmes de se croire voués aux plus grandes choses, et les vertus de tous les êtres souffrants n'ont jamais cessé de les embellir [...]. Ils sont les premiers à savoir qu'il n'est pas question pour eux de conquête de l'Europe ou d'une quelconque violence : mais ils savent aussi que l'Europe, comme un fruit bien mûr, devrait tomber un jour entre leurs mains qu'il suffira de tendre. En attendant, il leur faut pour cela se distinguer dans tous les domaines de la distinction européenne et se ranger parmi les premiers [...]. Et cette abondance de grandes impressions accumulées que constitue l'histoire juive pour toutes les familles juives, cette abondance de passions, de vertus, de décisions, de renoncements, de combats, de victoires de toutes sortes – à quoi devrait-elle aboutir, sinon finalement, à de grands hommes et à de grandes œuvres intellectuelles !

Et le Récitant d'outre-Temps de poursuivre. *L'Antéchrist* est ouvert à la page du paragraphe 55. Il hurle la volonté de rejet de « l'infection antisémite » dont sa propre famille est victime. Le texte est bref. Il traverse le Temps. Anne, dans le chalet, ne se doute pas que de nombreuses lettres personnelles de Nietzsche aux siens traduisent cette exigence de lutte contre l'antisémitisme.

Depuis longtemps déjà j'ai proposé que l'on se demande si les convictions ne sont pas des adversaires plus dangereux de la vérité que les mensonges [...]. « Respect à tous ceux qui ont une conviction ! » J'ai entendu semblables propos jusque dans la bouche d'antisémites... Bien au contraire, Messieurs ! Un antisémite ne devient nullement plus respectable du fait qu'il ment au nom d'un principe... (*L'Antéchrist*, § 55).

À sa sœur qui avait épousé l'antisémite Foerster il écrit :

Tu as commis là une grosse bêtise – tant vis-à-vis de toi que de moi-même ! Le fait que tu te sois associée à un dirigeant antisémite témoigne d'une attitude si étrangère à *mon propre* mode de vie que je me sens plein de colère ou de mélancolie… Je me fais un point d'honneur de me sentir absolument propre et sans ambiguïté par rapport à l'antisémitisme, c'est-à-dire *opposé* à lui, ainsi que je le suis dans mes écrits. J'ai récemment été persécuté par des lettres et des feuillets de *Correspondance antisémite* : pour parler aussi *franchement* que possible, ce parti (qui n'aimerait que trop pouvoir utiliser mon nom !) m'inspire du dégoût… et le fait que je sois incapable de faire quoi que ce soit pour lutter contre, et que dans tout feuillet de correspondance antisémite on utilise le nom de Zarathoustra, m'a déjà rendu malade à plusieurs reprises (Noël 1887, *BW*, 315, n° 968).

« Ainsi de vivantes images
Fleurissent même sur les montagnes les plus reculées »
Hölderlin

TROP JEUNE, ANNE F. n'avait pas lu la poésie d'Hölderlin. Mais elle était là, à six ans, au cœur de la forêt qui montait vers le Val Fex et qui semblait pousser le chalet du haut de l'à-pic vers le torrent qui grondait deux cents ou trois cents mètres plus bas pour saluer dans sa furieuse écume, la maison du Philosophe. À l'aplomb d'Anne, là, tout en bas, il lui fallait même tendre le cou pour le voir, l'impétueux, alors que dans la plaine de Sils-Maria, se jouant du Philosophe comme de l'Église au curieux petit dôme vert, il passait tranquille pour s'en aller rejoindre l'Inn à quelques kilomètres de là et enrichir de ses eaux celles des lacs de Surlej, de Silvaplana et peut-être même de St Moritz.

« Vivante image, fleurissant même sur les montagnes les plus reculées ». Vivantes images comme des photos volées pour le restant à vivre d'Anne. Écume blanche des bords du torrent ; écume d'étoiles dans la nuit bruyante du torrent sans cesse déchaîné, de glaciers en lacs. Promenade dans les lacs d'insomnie des nuits annonciatrices de la dernière des nuits. Douces insomnies levinassiennes quand elles font monter dans la haute chambre du haut chalet de la haute montagne de cette haute Engadine le son du torrent, les éclats de torrent sur le rocher de la nuit.

Oui Hölderlin, en remontant le sentier qui borde le torrent, guirlande tressée entre la maison du Philosophe et la chambre d'Anne F., dans un anté-journal dicté par les jours et les nuits de séjour d'été, sous l'ombre tutélaire d'ami de famille et de grand-mère plaçant pour longtemps – pour le temps long des étés et des vacances d'avant-guerre, d'entre-deux guerres – la jeune fille juive à l'abri de l'autre torrent, le torrent antisémite qui coulait déjà avec brutalité, fougue, haine, fracas dans l'Allemagne toute proche, bloc antisémite. Bloc d'effroi ici bas.

« Vivantes images » du torrent. « Vivantes images fleurissant même sur les montagnes les plus reculées ». Fleurissant autour du chalet Chesa Laret. Un chalet qui monte vers le ciel, qui semble vouloir dire aux montagnes : vous êtes montagnes, certes ; mais je suis chalet ; chalet de haute Engadine, haut-chalet de haute Engadine en Haute Montagne. J'ai donc voix au chapitre de l'Alpe. Chalet je suis des vôtres, montagnes. Anne F. est là en moi au plus haut de mon corps. Grenier de l'âme si près du ciel. Entre ciel et terre comme vous Montagnes. Pour offrir à Anne F. dès cinq ou six ans, la joie d'habiter des nuits pleines d'amour, « d'habiter en poète » les sentiers, le jardin du chalet, les plages du torrent, ses rochers, son écume, entre arolles, sapins et esthétique, escorte de ces edelweiss qu'aucun chemineau de la montagne n'aurait l'idée d'arracher à son terreau. D'habiter les jours. D'habiter les nuits. De les habiter dans l'innocence de la liberté quand l'orage gronde et que brûlent déjà les livres, les livres, les livres dans le plus sinistre des autodafés.

Hölderlin, encore Hölderlin, toujours Hölderlin pour accompagner Anne F. Entre la maison de Nietzsche et le chalet de la jeune juive de Sils-Maria quelques vers de Ratmos :

> Puisque les sommets du temps
> S'amoncellent de tous côtés
> Et que les êtres chers, bien que tout proches
> Soupirent sur des monts séparés,
> Donne-nous un lac tranquille...

Sommets du temps. Philosophal. Pierres philosophales au cœur du torrent. Face aux torrents. Temps nietzschéen de « l'éternel retour ». Nécessaire promenade jusqu'au rocher de Surlej sur les bords du « lac tranquille » de Silva-Plana. Derrière, reproduction à l'identique du paysage. Comme l'ombre portée démesurée du petit rocher sur l'espalier de l'Alpe. Treille nietzschéenne des reproductions à d'autres échelles. Et Anne F. équilibre, gymnaste du temps déjà, se balançant sur la treille qui grimpe le long de l'infini espalier du temps. Avec Borgès solidement installé, entre Pic de Midi et Pic de Minuit, dans les vingt-quatre heures d'une ascension permanente, défilant sur les glaciers en faisant claquer au vent de l'éternité protogynique le drapeau de son slogan : « Le temps est la substance dont je suis fait. Le temps est un fleuve qui m'entraîne, mais je suis le temps ».

« Mais je suis le temps » hurle aussi entre ses énormes moustaches noires – mais où sont donc les livres Friedrich ? – Le Philosophe, ermite d'Engadine, République autonome de « l'Éternel Retour ». Le temps serait donc ce torrent qui après avoir creusé le granit de l'Engadine charrie des blocs comme ceux de Surlej pour arrêter leur course folle au pied du Pic Gorvatsch et y attendre, y attendre, y attendre encore et toujours le passage d'un philosophe en promenade et y découvrant « l'éternel retour ». Le temps comme ce torrent qui bascule dans l'à-pic, là, juste à droite du chalet d'Anne F., observatoire du torrent dont les pleins et déliés dans la grammaire naturelle tracent dans la mémoire de Sils-Maria des lignes précieuses dans le Grand Livre de son Histoire. « Je suis le temps, je suis le temps » hurle Nietzsche de retour, stupéfait puis heureux de découvrir son musée avec ce bel aigle en bronze sculpté. Il poursuit sa promenade. Il laisse amies, mère, sœur de côté. Il demande à Anne F. de l'accompagner. « Sommets du temps… lac tranquille ».

Et Anne F. de lui répondre avant que de partir en promenade avec lui : « Mais vous êtes peut-être le temps, même l'éternel retour, mais c'est bien avant vous que d'une main forte nous n'avons cessé de faire notre éternel retour. » Regardez ma robe d'aujourd'hui. Celle que j'ai spécialement créée pour vous, car je suis couturière du temps. « Vous savez, nous Juifs, nous sommes couturiers du Temps. Mais nous sommes beaucoup plus. Nous sommes ce que dit Borgès. Nous l'avons soufflé à Borgès ce que Borgès nous propose. Admirablement. Absolument. » « Le temps est la substance dont je suis fait. Le temps est un fleuve qui m'entraîne. » C'est ce torrent qui passe là, à droite de mon grenier et qui va se jeter dans votre lac, dans notre lac, dans le lac de l'Éternel Retour ». Éternels clapotis, éternels scintillements, éternelles vaguelettes de ce lac de l'éternel retour. Éternelle Anne Frank en son éternelle jeunesse engadinoise pourtant si proche du ventre nauséabond de l'Autriche, de la Bavière, de cette si rouge Nuit des Longs Couteaux alors qu'Anne F. fêtait ses 4 ans, aux portes de la maternelle, si avide de vocabulaire et de mots, ouverte sur la vie, sur l'éternité de la vie alors que là, là, aux portes de la Hollande, aux portes de l'Engadine l'horloge de l'Histoire vient de sonner le temps Absolu de la Barbarie.

« AU CŒUR DE L'ENGADINE l'esprit allemand est défini par Nietzsche. Il envoie à Theodor Frtisch, auteur de virulents tracts antisémites, une lettre lui conseillant de lire *Aurore*. Puis il poursuit :

> Objectivement, les juifs me paraissent plus intéressants que les Allemands du fait que leur histoire soulève de nombreuses questions fondamentales. Dans des sujets aussi sérieux, j'ai l'habitude d'ignorer les sentiments de sympathie ou d'antipathie, ainsi que le veut l'esprit scientifique, sa déontologie, son apprentissage – et, en dernière analyse, son *sens du goût*. En outre, je dois confesser que l'« esprit allemand » de notre époque m'est si étranger que je ne peux observer qu'avec beaucoup d'impatience ses maniérismes, au nombre desquels tout particulièrement l'antisémitisme. C'est aux « classiques de la littérature » de ce mouvement, dont votre pamphlet fait l'éloge à la page 6, que je dois quelques bons moments : si vous saviez combien j'ai pu rire au printemps dernier lorsque j'ai lu les œuvres de ce sentimentaliste à l'esprit tordu connu sous le nom de Paul de Lagarde ! Me fait évidem-

ment défaut cette « conception morale exaltée » à laquelle vous faites allusion en cet endroit. Il ne me reste plus qu'à vous remercier d'avoir courtoisement supposé que je suis parvenu à mes « jugements pervertis » [concernant les juifs] « non pas en vertu de quelque considération pour la société » ; et peut-être votre esprit sera-t-il quelque peu apaisé si je vous dis qu'en définitive je ne compte pas de juifs parmi mes amis, mais pas davantage d'antisémites.

Votre plus dévoué serviteur,
Professeur Docteur Nietzsche.

Une demande : Publiez s'il vous plaît une liste de savants, d'artistes, de poètes, d'écrivains, d'acteurs et de virtuoses allemands qu'ils soient d'extraction (*Abkunft*) juive ou d'inspiration (*Herkunft*) juive. Voilà qui constituerait une contribution valable à l'histoire (et à la critique !) de la culture allemande.

Et le Récitant d'outre-Temps de saisir, voletant dans le vent d'Automne, une des pages du *Crépuscule des Idoles* intitulée « ce qui manque aux Allemands » :

On voit que mon désir est de rendre justice aux Allemands [...]. Acquérir la puissance, cela se paie cher. La puissance abêtit... Ces Allemands, on les appelait autrefois « le peuple des penseurs » : pensent-ils encore aujourd'hui ? Aujourd'hui, l'esprit n'inspire plus qu'ennui aux Allemands, les Allemands se méfient de l'esprit, la politique absorbe tout leur sérieux pour les choses de l'esprit. « *Deutschland, Deutschland über alles* » : j'ai bien peur que cela n'ait sonné le glas de la philosophie allemande.

Que l'on fasse un rapide calcul : non seulement il est évident que la culture allemande est en pleine décadence, mais les raisons ne manquent pas pour l'expliquer [...]. La culture et l'État – que l'on ne s'y trompe pas – sont antagonistes

[…]. Toutes les grandes époques de la culture sont des époques de décadence politique. Tout ce qui est grand dans le sens de la culture a toujours été non politique, et même *anti-politique*.

MAIS JE SUIS LE TEMPS ». « Mais je suis le temps » chantait comme dans une vieille rengaine yiddish au cœur battant de l'éternité du Shettl, Anne F. autour de Friedrich N. Farandole du Temps. Farandole de l'éternité. Le philosophe de Sils-Maria grimpe à présent sur le rocher, sur son rocher de Surlej. Il regarde la montagne là-bas qui le reproduit. Au pied du rocher Anne court, danse, chante : « Je suis le Temps. Je suis le Temps. Peuple du Livre, Peuple du Temps. Toi là-haut, philosophe de l'éternel Retour, regarde-moi. C'est moi le temps qui tourne, qui retourne. Un coup à l'endroit. Un coup à l'envers. Regarde-moi bien, moi, petite fille des années 35 sur le toit de l'Europe du Nord avant qu'elle ne bascule dans l'Europe du Néant. Je suis le Temps. Je suis le Temps. Ensemble luttons contre l'espace de la Barbarie. Il ne méritera jamais l'éternel retour. Et pourtant il est éternel retour, il est éternel retour. Friedrich, souviens-toi d'Amsterdam ; souviens-toi de Bergen-Belsen ».

Dans le ciel, à ce moment-même, la fumée d'une cheminée de chalet semblait cacher, dans la banalité de son échappement comme de sa couleur dense, le sens, ou plutôt l'absolu non-sens de ces cendres, celles notamment, absolument singulières, absolument uniques d'Anne F., de toutes les Anne F., de tous les parents d'Anne F.

Au bord du lac de Surlej, F. Nietzsche était là hiératique. Il aurait demain sépulture et cercueil. Anne F. n'aurait ni l'un ni l'autre. Cendre parmi les cendres. Au bleu noir tréfonds du ciel des cauchemars.

Autour du rocher de Surlej, tango des temps. Concorde des canons discordants. Temps de Friedrich. Temps d'Anne. Temps Nietzschéen, temps des temps. Temps juif, temps juif des temps juifs. Tango des temps. À la baguette Daniel Barenboïm. Une jeunesse en Argentine jusqu'à l'âge d'Anne F. Puis l'éternel retour au tango de l'enfance. Tango des temps sur le radeau flottant du lac de Surlej. Là, juste sous le Pic Corvatsch. À portée de main de la dernière langue glaciaire. Violon, accordéon, piano, sur le radeau l'orchestre joue, Daniel B. orchestre l'ensemble. Le bleu du ciel comme public et là, là, au milieu du lac comme marchant sur le rocher de l'éternel retour voguant sur l'éternité des bords de lac : Friedrich Nietzsche dansait le tango des temps avec Anne Frank. « Nous dansons donc nous sommes » sur les mêmes tréteaux naturels que le « je me promène donc je suis » de Descartes.

Sur les vaguelettes des lacs qui dessinent la mer intérieure d'entre les montagnes, au cœur battant de l'écume, des torrents impétueux tentant d'imposer le tambour de leurs échos sur les rochers, de l'orchestre géologique, au bord des minuscules chemins essayant d'être les points de suspension de l'interminable épopée romanesque de l'Engadine en mouvement, entre les hauts arolles qui tutoient le ciel pour mieux l'interroger, au-delà et dans le corps des saisons où chacune vient pénétrer l'autre pour mieux s'y oublier, l'existentiel.

L'existentiel d'un philosophe, DU philosophe. L'existentiel d'une jeune fille tout au vent des vacances. De LA jeune fille. De LA JEUNE FILLE JUIVE. Tango des hautes figures de l'existentiel. « Musique », hurle, en capitaine de vaisseau sur l'océan de l'imaginaire, le Récitant d'outre-Temps. L'Engadine, tout ouïe, regarde. « L'œil écoute ». Sur les tréteaux de l'EXISTENTIEL, le tango des temps réunit le plus surprenant des couples. Un philosophe et une jeune fille. Martin Heidegger et Hannah Arendt regardent. Ils se mettent aussi à danser. La baguette de Daniel Barenboïm fait surgir dans la brume lacustre la silhouette de Carlos Gardel.

Sur les tréteaux de l'existentiel, les deux couples, au gré des vaguelettes se cassant sur leurs bords. Éclatements d'instants. Écume du Temps. Dans le Pays au-delà du Crépuscule avec l'antienne d'Hannah Arendt, revenant en boucle dans le plus inattendu des tangos d'au-delà des temps, l'anecdote suivante au bout de la plume, au bout de la langue. L'anecdote, cette histoire que l'on racontait après la Première Guerre mondiale. Après Nietzsche, avant Anne. « Un antisémite prétendait que les juifs étaient à l'origine de la guerre. Quelqu'un lui répondait : « Oui, les Juifs et les cyclistes. – Pourquoi les cyclistes ? demandait le premier. – Pourquoi les Juifs ? répondait l'autre ». Et Hannah de persister dans l'envoi d'épistoles amoureuses à Martin H. Et Anne continuant à virevolter dans le plus étonnant et éternel tango des temps.

TANGO DES TEMPS où vient de s'inviter, évidence engadinoise, Zarathoustra qui lance, dans l'étroit défilé alpin où danse le plus inédit et étonnant des couples de l'histoire, cette adresse. Si forte que les rochers en sont marqués dans leur chair minérale comme de nouvelles Tables de la Loi. Dans la commune d'Outre-Temps où les tangos indicibles envahissent les dancings d'éternité, le garde-champêtre des montagnes de l'Alpe fait rouler les tambours du plus violent des orages. Le silence se fait. Zarathoustra parle. Il parle fort. Il hurle. Le récitant d'Outre-Temps se tait. Avec lui, nous écoutons :

> Et *Zarathoustra* vient apporter sa contribution à ce concert dans une colère stylisée :
>
> État, de tous les monstres froids, ainsi se nomme le plus froid. Et c'est avec froideur aussi qu'il ment, et suinte de sa bouche ce mensonge : « Moi, l'État, je suis le peuple » […]. Du bien et du mal, chacun parle en sa langue, que n'entend le voisin.

> […]. Mais en toutes les langues qui parlent du bien et du mal, l'État dit des mensonges ; et quoi qu'il dise, il ment ; et quoi qu'il ait, il l'a volé. Car en lui tout est faux ; avec des dents volées il mord, ce mordeur. Fausses mêmes sont ses entrailles […]. Où *cesse* l'État – là jetez donc votre regard, mes frères ! Ne les voyez-vous donc, et l'arc-en-ciel et les ponts du surhomme ?
>
> *Ainsi parlait Zarathoustra, op. cit.*, « De la nouvelle idole », pp. 61-63.

Le Récitant ajoute ce passage prophétique de *Humain, trop humain* (§ 475).

> Soit dit en passant : le problème des juifs n'existe à tout prendre que dans les limites des États nationaux, car c'est là que leur énergie et leur intelligence supérieures, ce capital d'esprit et de volonté longuement accumulé de génération en génération à l'école du malheur, doivent en arriver à un degré de prédominance qui suscite l'envie et la haine, si bien que dans presque toutes les nations actuelles – et cela d'autant plus qu'elles adoptent à leur tour une attitude plus nationaliste – se propage cette odieuse littérature qui entend mener les juifs à l'abattoir, en boucs émissaires de tout ce qui peut aller mal dans les affaires publiques et intérieures. Dès lors qu'il ne s'agit plus du maintien des nations, mais de la production d'une race européenne mêlée et aussi forte que possible, le juif en est un élément aussi utilisable et souhaitable que n'importe quel autre vestige national.
>
> *Humain, trop humain*, I, § 475, traduction R. Rovini, édition revue par M.B. de Launay, Paris, Gallimard, 1968, pp. 285-286.

IL Y A PLUS DE SOIXANTE ANS, Anne F. écrivait dans son journal le samedi 7 août 1943 : « Chère Kitty, il y a quelques semaines, j'ai commencé à écrire une histoire, une histoire totalement inventée et j'y ai pris un tel plaisir que les fruits de ma plume sont en train de s'accumuler ». À la lumière de la bougie de Chesa Laret, dans la petite chambre qui formait un V dans la nuit de Sils-Maria, Anne F. avait commencé à penser une histoire. Dans la solitude de ces nuits engadinoises où les nuages dansent sur les arêtes, où leurs ombres balaient les glaciers peuplés d'autres histoires. Les graines des fruits de cette plume ont été semées à six ou sept ans par une petite juive allemande qui après avoir vécu à Francfort sur le Main jusqu'en août 1933 habita la Hollande. Graines semées par le vent comme les flocons du ciel sur le terreau de Sils. Il y a aujourd'hui encore, le long de cette route qui conduit au Val Fex, des flocons qui reviennent à chaque chute de neige. Quand le blanc de ceux-ci recouvre le V du grenier d'Anne F., quand la forêt où elle aimait à se promener devient toute blanche, quand on entend moins le torrent parce qu'il est aussi glacé que les lacs, nombreux sont ceux qui ont la conviction qu'ils sont fragments infinitésimaux et éternels d'Anne F. « J'ai commencé à écrire une histoire... J'ai commencé à écrire une histoire. »

Lundi soir 8 novembre 1943. Anne écrit : « Chère Kitty... je nous vois tous les huit dans l'Annexe comme si nous étions un morceau de ciel bleu entouré de gros nuages noirs, si noirs ». Sept ans avant elle vivait déjà sur le toit de l'Europe, dans ce haut plateau de l'Engadine, où s'étaient précipités le meilleur de l'Italie et de la Finlande, pour confectionner face aux lourds nuages noirs que portaient à la fois le vent italien passant le col de Maloja mais aussi le vent austro-allemand annoncé par l'architecture prussienne de quelques hôtels-monuments de St Moritz, ce morceau de ciel bleu. Elle le partageait avec Friedrich Nietzsche qui ne cessait d'en relater le bienheureux apaisement sur les maux de tête. Et dans leur conversation imaginaire ils revendiquaient avec passion la densité, la profondeur, la lumière de ce « morceau de ciel bleu » même « entouré de gros nuages noirs, si noirs. » Morceau-monument de ce ciel bleu. Bleu du ciel, enveloppe du tombeau de Nietzsche. Friedrich N. a le ciel bleu autour de la sépulture. Le bleu du ciel est aussi moment du cimetière et de la tombe dans laquelle il est. Dans laquelle il est. Anne F. n'a pas de sépulture. Elle est dans le bleu du bleu du bleu si bien qu'il en est noir comme au tréfonds du cosmos. Le philosophe a sa tombe. Anne n'en a point. Elle a le ciel. Le philosophe laisse ses ouvrages. La jeune juive hollandaise laisse son Journal.

Anne n'est pas l'Hélène de Pierre-Jean Jouve. Mais le poète croise l'adolescente. Chesa Laret, petite forteresse qui commande l'entrée dans le mystérieux et envoûtant Val Fex, voit passer tous les clients du Waldhaus, château fort hôtelier bâti sur du granit au cœur de la forêt de sapins mais aussi les habitants de tous les hameaux de cette haute vallée engadinoise. Anne F. croise Pierre-Jean J. Le poète s'était installé, au même moment, dans les années 1935-1936, dans une maison du Fextal où il écrivit son roman d'un trait. Anne aimante du stylo, si malheureuse quand son père Otto lui annonça le 11 novembre 1943 qu'il « avait dû fondre sur une des pierres réfractaires » – « mon stylo, écrivait-elle dans son Journal, a été incinéré comme je veux l'être plus tard » – est convaincue d'avoir croisé entre cette maison du Fextal et celle des Spitzer, l'héroïne de Jouve : Hélène de Sannis, « image de mon adolescence, écrit-il, devenant « la femme des vallées ». Pseudonyme qu'Anne F. voulait pour elle ou ses personnages : Anne Aulis. Il y a de la musique sur le chemin du Val Fex. Les chalets comme les points de repère d'une immense partition défilant des entrailles des orgues de barbarie entre ciel et terre. Celle non écrite d'Anne F., celle portée par une émotion extraordinaire de Pierre-Jean J. Sur l'espalier du ciel et des montagnes d'Engadine, la treille de quelques vers de Pierre-Jean Jouve. Ils parlent à Anne. Ils ont leur source aux bords des glaciers, ils descendent doucement dans le Val Fex, ils enrichissent le torrent qui plonge sous la fenêtre du chalet en V d'Anne F., ils escortent en la contournant la maison de Nietzsche, ils sont violons des orchestres de chaque soirée dans le Waldhaus d'une éternelle Belle Époque.

Ces vers comme inscrits sur ces oriflammes flottant au vent des monastères des cœurs de l'Himalaya quand les prières donnent aux sommets leurs couleurs comme leurs saveurs d'éternité :

> Fureur des montagnes
>
> Montagnes inimaginables bleues et glacées
> Pleines d'obscurité dans le plus haut du jour
> Montagnes de faute et montagnes d'azur
> Montagnes d'aromates Libans consumés
> Intercesseurs de fièvre et de gloire
> Argentée
> Chute des paroles d'Hélène dans la forêt
> Merveilleux arrondi des prairies où la mort
> Chemine à pas d'argile
> Montagne décharnée par les dents séculaires
> Entre deux mondes noirs passe désespérée,
> Montagnes sœurs de pierre
> Montagnes cris légers
> Montagne pour qui fut chanté le cantique
> Montagne sur quoi le rocher fut ouvert
> Témoin lourd sous le tableau des destinées,
> [...].

Tableau des destinées. Tableau des destinées d'Anne ; de toutes les adolescentes juives qui aimaient tout écrire, amoureuses de leur stylo, inventeurs de pseudonymes, croisant les personnages d'autres auteurs.

ANNE F. SUBLIME, forcément sublime, comme Marguerite Duras l'aurait écrit d'Elle – oui, il faudrait que chaque fois qu'il est question d'Elle, le E majuscule dise la force, la volonté, la Présence dans l'Histoire d'Anne Frank. On peut (on doit ?) toujours rêver à ces dialogues des morts, à des années d'écart, entre écrivains. Debout Plutarque de l'Engadine. Solitude d'Anne F. au-dessus des lacs et de cette presqu'île de Chasté que Nietzsche arpenta quotidiennement dans ces années 1890. Éternel retour du philosophe près de ce rocher reproduit presque à l'identique juste en face, au-delà du lac de Silvaplana, voyelles sonnant au trébuchet de la philosophie embarquée de la solitude du penseur. Impossible retour pour Anne, contrainte de rentrer à Amsterdam alors que les bords des trois lacs, les nuages blancs comme les glaciers, les sentiers qui menaient au doux et apaisant Val Fex, ce grand chalet aux marges du Waldhaus – émanation hôtelière du siècle naissant entre aristocratie russe, austro-prussienne et haute bourgeoisie juive en quête de promenades proustiennes de Sils-Maria en St Moritz – lui tendaient la main pour mieux la protéger de la barbarie antisémite. En cet espace magique, l'Europe du Sud offrait à la toute jeune juive, adolescente au cœur battant de l'entre-deux guerres, ce haut plateau andin du Canton des Grisons, cet audacieux précipité géographique de l'Italie et de la Finlande, cette étonnante fusion sémantique entre voyelles italiennes et consonnes allemandes.

Anne F., sœur évidente de toutes ces jeunes juives, ces adolescentes, ces femmes, ces presque-femmes (déjà plus adolescentes sans avoir encore basculé dans cette maturité de la femme-femme). Anne F. au destin foudroyant en 1944 alors que les alliés approchaient, l'antisémitisme persistait dans sa banalité apocalyptique, dans la délation pour que le citoyen médiocre se venge – ou tente de se venger – de sa propre médiocrité. Anne F. semblant partager à des kilomètres de distance le terrible sort de cette colonne de femmes et d'adolescentes, les mains en l'air, comme le petit garçon à la casquette levant les siennes sur fond de Ghetto de Varsovie en flammes.

En flammes alors que l'ermite de Sils-Maria écrit dans *Par-delà le bien et le mal* (§ 195) :

> Les juifs – peuple « né pour l'esclavage », comme dit Tacite et avec lui toute l'Antiquité, peuple « élu parmi les nations », comme ils le disent et le croient eux-mêmes –, les juifs ont réussi ce prodigieux renversement des valeurs qui, pour quelques millénaires, a donné à la vie terrestre un attrait nouveau et dangereux : leurs prophètes ont fondu en une seule notion celles de « riche », « impie », « méchant », « violent »,

« sensuel » et pour la première fois ont donné un sens infamant au mot « monde ». Ce renversement des valeurs (qui veut aussi que « pauvre » soit synonyme de « saint » et d'« ami ») fait toute l'importance du peuple juif : avec lui commence dans l'ordre moral la révolte des esclaves (*Par-delà bien et mal*, § 195).

En flammes alors que Nietzsche prend la défense des juifs contemporains (*Humain, trop humain* § 475) :

Toute nation, tout homme a des traits déplaisants, voire dangereux ; il est barbare d'exiger que le juif fasse exception. Il se peut même que ces traits soient chez lui tout particulièrement dangereux et repoussants, et le jeune boursicotier juif est peut-être en somme la plus répugnante trouvaille du genre humain. Néanmoins, j'aimerais bien savoir jusqu'où, lors d'une explication générale, il ne faudra pas pousser l'indulgence envers un peuple qui, de tous, a eu l'histoire la plus chargée de misères, non sans notre faute à tous, et auquel nous devons l'homme le plus noble (le Christ), le sage le plus pur (Spinoza), le Livre le plus imposant et la Loi morale la plus influente du monde. En outre, aux temps les plus sombres du Moyen Âge, alors que les nuées asiatiques avaient tiré leur épaisseur de plomb sur l'Europe, ce furent les juifs, libres-penseurs, savants, médecins, qui, malgré la pire violence faite à leur personne, continuèrent à tenir l'étendard des lumières et de l'indépendance d'esprit, défendirent l'Europe contre l'Asie ; c'est en grande partie à leurs efforts que l'on doit la victoire finalement revenue à une explication du monde plus naturelle, plus conforme à la raison et en tout cas affranchie des mythes : grâce à eux, il n'y a pas eu de rupture dans l'anneau de la culture qui nous relie maintenant aux Lumières de l'Antiquité gréco-romaine. Si le christianisme a tout fait pour orientaliser l'Occident, c'est le judaïsme qui a essentiellement contribué à l'occidentaliser derechef et sans trêve : ce qui équivaut en un certain sens à faire de la mission et de l'histoire de l'Europe *la continuation de celles de la Grèce* (*Humain, trop humain*, § 475).

SUR CETTE PHOTOGRAPHIE prise en 1944, la première adolescente pourrait être sœur d'Anne F. Elle regarde l'objectif. Elle semble convaincue qu'elle peut laisser une image forte, tête haute. D'ailleurs elle a les mains à moitié levées, pas pleinement. Anne F., sœur de cette inconnue marchant en tête d'une colonne de femmes, au cœur de Budapest. Cœurs battants de ces femmes, de ces mères de famille, de ces adolescentes qui ne seront jamais mères, de ces femmes à l'amour promises, à l'amour empêchées ; à ces beautés et ces poésies faites femmes en ce printemps 1944 piétinées par les rafles, gazées, brûlées. Oui sur cette photographie reproduite en dernière page du *Times Literary Supplément* du 12 mars 2004 (soixante ans après) il y a une femme, femme absolue dont la beauté sollicite immédiatement la compassion. Elle ne regarde pas l'objectif du photographe comme l'adolescente qui semble ouvrir la marche. Elle fixe le trottoir. Ses cheveux noirs ondulent et tombent, sensuels, sur le manteau à large poche, dernier vêtement du dernier voyage. La colonne de femmes est longue. Elle semble interminable. D'un côté du trottoir des juives, des femmes juives, des adolescentes juives, celles qui transmettent la religion juive, celles qui assurent la pérennité de la première religion monothéiste. En face la vie quotidienne. De celles et de ceux qui ne sont pas juifs, qui ne sont pas juives. Ils rentrent et sortent des magasins. Ils déambulent libres. Ils ont d'ailleurs à peine conscience du prix de cette liberté. Il n'y a personne pour se révolter, pour tenter de faire diversion. Dans la banalité de cette scène le drame universel et pathétique des juifs. Et malgré l'horreur bientôt vécue, la beauté comme une réponse, comme LA réponse à la pérennité de LA femme juive.

FEMME JUIVE qui donne la religion. Nietzsche en appelle au Récitant d'Outre-Temps. La page s'ouvre au paragraphe 251 de *Par-delà le bien et le mal* :

> Or les juifs constituent sans aucun doute la race la plus forte, la plus résistante et la plus pure qui existe actuellement en Europe ; ils savent s'imposer même dans les conditions les plus dures (mieux même que dans des conditions favorables) grâce à de mystérieuses vertus qu'on voudrait maintenant qualifier de vices, grâce surtout à une foi décidée qui n'a pas à éprouver de honte en présence des « idées modernes » ; ils changent, s'ils changent, comme l'empire russe fait ses conquêtes, comme un empire qui n'est pas né d'hier et qui a du temps devant soi, c'est-à-dire « aussi lentement que possible ». Un penseur qui prend à cœur l'avenir de l'Europe devra tenir compte dans ses plans aussi bien des juifs que des Russes, qui désormais sont probablement les deux facteurs qui entreront le plus certainement en jeu dans le grand conflit des forces. Ce qu'aujourd'hui nous nommons une « nation » en Europe, cette entité de fait plutôt que de nature (quand elle ne ressemble pas à s'y méprendre à une fiction), est dans

> tous les cas une réalité en devenir, jeune, fragile, pas encore une race, moins encore un *aere perennius* comme le peuple juif ; ces « nations » donc devraient se garder soigneusement de toute concurrence et de toute hostilité irréfléchie (*Par-delà bien et mal*, § 251).

Et Nietzsche ajoute :

> C'est un fait que, s'ils le voulaient ou si on les y contraignait, comme les antisémites semblent vouloir le faire, les juifs pourraient dès aujourd'hui avoir la prépondérance, littéralement dominer l'Europe ; c'est un fait aussi qu'ils n'y travaillent pas et ne font pas de projets dans ce sens. Pour le moment, ce qu'ils veulent et souhaitent, et même avec une certaine insistance, c'est d'être absorbés par l'Europe, ils brûlent de se fixer enfin quelque part, d'y être acceptés et considérés, de mettre un terme à leur nomadisme de « juifs errants ». On ferait bien de prendre conscience et de tenir compte d'une telle aspiration, où s'exprime peut-être une certaine atténuation des instincts judaïques ; c'est pourquoi il serait peut-être utile et juste d'expulser du pays les braillards antisémites.

PÉRENNITÉ D'ANNE F. De sa vie d'adolescente. Des premiers émois. Des premiers baisers. De cette sexualité qu'elle sent poindre sous sa joie de vivre. Dans ce courrier, ce Journal, cette volonté d'écrire le Temps pour mieux inscrire l'histoire. S'inscrire peut-être aussi dans l'Histoire. Et pourtant il n'est question que de l'immédiateté. Il n'y a pas dans l'enfermement de la cache au plus haut de ces maisons étroites qui pénètrent le ciel bas d'Amsterdam de souvenirs racontés de Sils-Maria.

Il y a pourtant, là aussi, une autre photographie. Celle d'Anne F. dans la forêt, l'une des forêts, ou plutôt l'une des clairières de l'une des forêts qui entourent le chalet et au cœur de laquelle Anne est heureuse de marcher. Deux années de suite. Deux étés alors que la République de Weimar meurt de sa trop parfaite constitution et que Carl Schmitt emploie son intelligence à l'invention de la Raison juridique nazie. Mais Anne F., au cœur de la forêt engadinoise, pense la vie Engadine, uniquement Engadine. Là-bas tout en bas, sous l'acropole de son bonheur alpin, elle voit une petite maison. Les volets sont ouverts. Les volets sont fermés. Sait-elle que Nietzsche y travaillait en regardant son paradis ?

Dans la nuit profonde de Sils-Maria il y a le vent qui fait tomber les aiguilles des sapins centenaires. Allées d'arolles formant voûte au-dessus des enfances tranquilles d'Anne et de sa sœur. Anne aima déjà ces clairières au bout des charmilles naturelles. Charmilles d'altitude dans l'Engadine de l'entre-deux guerres. Dans la nuit profonde de Sils-Maria LE sommeil paisible d'Anne sur les hauteurs de ce chalet, véritable château fort contre les tempêtes populistes de la vallée, le vent qui souffle sur le poil des marmottes. Sifflet dans la nuit absolument obscure des barbarismes et des cauchemars. Et si ces marmottes annonçaient, face au vent de l'histoire qui souffle déjà trop fort, l'exil dans le refuge, le long hivernage face aux totalitarismes. Le vent qui souffle à travers les volets : sifflements inquiétants, répétés, presque rythmés donnant à Anne l'impression de vivre sa nuit, cette nuit, ces nuits en haute montagne quand volets et portes des refuges mal fermés, disent tout haut ce que la pudeur des alpinistes cache avant toute course : une forme de peur ou d'angoisse garante de l'ascension comme défi voulu parce qu'elle pourrait être la dernière. Sifflements du vent dans le siècle engadinois. Sifflements de marmottes appelant aux abris face aux premières salves des fascismes. L'histoire est faite de ces sifflements. Musique pathétique. Sifflets des agents de la circulation idéologique. « Circulez, il n'y a rien à voir » si ce n'est ces juifs, comme Anne, auxquels on veut appliquer le droit canon comme le droit antisémite. Oxymore dérisoire des « intelligences » juridiques. Pâle copie de l'invention républicaine du droit de l'indigène. Anne, indigène de Hollande alors qu'elle est là, entre marmottes et bouquetins, Princesse au cœur battant des montagnes. Heidi au cœur de l'Engadine. Heidi menacée, traquée, faussement tranquille. Entre ses moustaches Nietzsche entend-il lui aussi ces sifflements pour lui annoncer déjà les dangers.

Sifflements sinistres des trains dont tous les aiguillages convergent vers la mort. Sifflements de départ vers ces « fabriques des cadavres ». Sifflements sordides de tous ces agents ferroviaires engageant sur des lignes de chemins de fer, rarement bombardés, peu sabotés des wagons entiers de bestiaux où étaient parqués enfants, femmes, hommes, familles juives. Sifflements des contrôleurs. Sifflets des chefs de gare au cheminot de la mort. Chemins de fer, chemins de mort, rails pathétiquement parallèles conduisant tout droit au cœur de cette Allemagne nazie et de cette Europe centrale constellée de camps de concentration. Sifflements dans la nuit noire, au milieu des cris déchirants, dans l'ultime voyage. Voyage au bout de la vie vers la dernière gare : celle où sur le quai la sélection envoie directement les uns aux chambres à gaz, les autres au camp de concentration. Sifflements, sifflements, sifflements… Les marmottes ne laissent pas deviner leur avenir sinistre. Et pourtant, dans leur candeur absolue et leur doux état de nature, elles annoncent déjà la fin de la culture. Rentrez, marmottes de l'innocence et de la pérenne démocratie, retrouvez les troupes engadinoises de Grouchy avant de remonter sur Waterloo, construisez vite sur le torrent tumultueux des extrémismes les barrages de la liberté.

Dangers du torrent qui emporte tout. Torrent impétueux qui coule, écumants remous, violentes cascades sous la chambre d'Anne. À l'aplomb. Torrent qui rejoint la Maison du Philosophe mais l'évite. Il est des impétuosités qui se fracassent contre certains récifs, de gros rochers et qui, en les contournant, semblent donner à l'histoire certains tracés. Des tracés comme des interprétations. Et les philosophes, comme d'audacieux kayakistes, tentant de tracer un chemin, sur des radeaux de la méduse alpine pour surfer sur les moustaches imaginaires, énormes vagues du XIXe siècle s'abîmant dans un fracas wagnérien sur les hautes montagnes de l'Engadine.

Dans la nuit de Sils-Maria, il y a ce vent qui fait tomber les aiguilles des arolles centenaires. Aiguilles qui piquent lorsque Anne et les siens choisissent clairières et endroits plans pour regarder œuvrer les fourmis, se lever les marmottes sur les pattes arrière, regarder le torrent pour mieux comprendre ses bruits, lever les yeux au ciel sans penser alors à un seul moment que ce ciel serait un jour et pour toujours leur sépulture.

Dans la nuit dense de Sils-Maria, Anne F. tisse des guirlandes entre les étoiles. Elle dit et récite Rimbaud sans le connaître. Elle se sent protégée tout là haut dans ce chalet. Un chalet-château-fort protégé par plusieurs types de défenses. Naturelles d'abord : dense barrière autour du torrent tumultueux d'immenses sapins qui dressent leur faîte au point de lécher de leurs dernières branches tout en V, ces falaises blanches constituant la deuxième barrière de défense lançant leurs rochers sur une soixantaine de mètres de haut, rochers sur lesquels les fondations du chalet enfoncent leur socle. Et tout en haut de ce chalet une petite lucarne, juste sous le triangle de l'appentis du toit. Lucarne des premières lumières du jour quand les volets à peine fermés laissent entrer les premiers rayons de la journée. Lucarne des dernières lumières du jour quand les mêmes volets, collés au bois des hauts flancs du chalet-château-fort, laissent deviner les premières lignes du nouveau livre de la nuit. Nuit de l'été 1935, nuit de l'été 1936 tout près du grand hôtel, institution monument de la réussite familiale des Kienberger accueillant des hôtes qu'Anne aurait peut-être pu croiser sur les chemins de Sils-Maria. Sentiers allant de l'hôtel Waldhaus au Val Fex et laissant son chalet légèrement sur main gauche. Aujourd'hui route goudronnée laissant voitures et autres traîneaux sur roues (l'été est exigeant pour les reconversions !) arpenter cet espace.

Nuit des étés 1935 et 1936. Anne aux côtés des hôtes inconnus du Waldhaus. Et pourtant si proches, à quelques minutes de sa chambre à coucher, de sa chambre à rêver. À cinq ou six ans elle avait peut-être déjà tellement de choses à leur dire, tellement de questions à leur poser. À Neville Chamberlain, Italo Balbo, Friedrich Fürst von Hohenzollern – Sigmaringen et Fürstin Margarete von Hohenzollern ; à quelques années près Madame von Hindenburg et ses enfants, Léon Blum et son épouse, Einstein…

Imagine-t-on, imaginez-vous ces dialogues qui auraient pu naître de rencontres pas si improbables que cela puisque n'était le très jeune âge d'Anne, la proximité topographique – à moins d'une centaine de mètres du grand hôtel ou sur le même sentier parcouru dans la clarté lumineuse de l'été – autorisait beaucoup plus que je ne sais quelle « Plutarquerie » de mauvais aloi.

Anne F. jouant avec les petits-enfants de Neville Chamberlain, les moustaches de Léon Blum, les cheveux en bataille d'Albert Einstein... Anne toute proche dans l'espace... Anne sautant sur les genoux de Frau Hindenburg ou de la famille von Hohenzollern-Sigmaringen... Anne enfant pleinement dans le siècle parce que Sils-Maria et ce chalet l'avaient plongée dans des eaux aussi tumultueuses que le torrent qui berçait ses nuits en passant sous sa chambre... Bruit éternel.

Le Récitant d'Outre-Temps n'a cure du froid polaire qui glace les lacs d'Engadine, fige les cascades et plâtre les montagnes. Le Récitant d'Outre-Temps ne s'attarde pas au visage de Nietzsche sculpté dans la glace de l'hiver par le marteau et le burin expert d'un Zarathoustra de passage. Il n'y a pas, il ne peut y avoir le buste sculpté d'Anne, dans la glace. Anne a les honneurs d'une sculpture moderne qui retient à peine l'œil du touriste. Anne comme sa sœur et leur dérisoire croix dans l'espace près de Bergen-Belsen. Mais le Récitant d'Outre-Temps, s'approche d'Anne F., l'Engadinoise. Malgré son jeune âge il sait qu'elle comprend. Il veut qu'elle entende, au-delà du torrent, dans l'air que lacs et arrozes composent dans l'Alpe de son chalet, ce long passage que Nietzsche écrivit dans *Aurore*. Il est tombeau pour Anne :

Du peuple d'Israël.

Parmi les spectacles auxquels nous convie le siècle prochain, il faut ranger la décision qui réglera le destin des juifs européens. Qu'ils aient jeté leur dé, passé leur Rubicon, c'est aujourd'hui manifeste : il ne leur reste plus qu'à devenir les maîtres de l'Europe ou à perdre l'Europe comme ils ont perdu autrefois, il y a bien longtemps, l'Égypte où ils s'étaient placés devant une alternative semblable. Mais en Europe, ils ont suivi une école de dix-huit siècles, chose que ne peut prétendre aucun peuple, et ce de telle sorte que ce n'est pas tant la communauté mais surtout les individus qui ont profité des expériences de cette effroyable période d'épreuves. En conséquence, les ressources spirituelles et intellectuelles des juifs d'aujourd'hui sont extraordinaires ; dans la détresse, ils sont, entre tous les habitants de l'Europe, les derniers à recourir à la bouteille ou au suicide pour échapper à un désarroi profond – ce qui est si tentant pour quelqu'un de moins doué. Tout juif trouve dans l'histoire de ses pères et de ses ancêtres une mine d'exemples du sang-froid et de la ténacité les plus inébranlables au milieu de situations terribles, des ruses les plus subtiles pour tromper le malheur et le hasard en en tirant profit ; leur courage sous le couvert d'une soumission pitoyable, leur héroïsme dans le *spernere se sperni* surpassent les vertus de tous les saints. On a voulu les rendre méprisables en les traitant avec mépris pendant deux millénaires, en leur interdisant l'accès à tous les honneurs, à tout ce qu'il y a d'honorable, et en les repoussant au contraire d'autant plus bas dans les métiers les plus sordides – à dire vrai, ces procédés ne les ont pas rendus plus propres. Mais méprisables ? Ils n'ont jamais cessé eux-mêmes de se croire voués aux plus grandes choses, et les vertus de tous les êtres souffrants n'ont jamais cessé de les embellir. La façon dont ils honorent leurs parents et leurs enfants, la raison qui préside à leurs mariages et à leurs habitudes matrimoniales les distinguent entre tous les Européens. En outre, ils s'entendaient à tirer précisément un sentiment de puissance et de vengeance éternelle des métiers qu'on leur abandonnait (ou auxquels on les abandonnait) ; il faut dire à la décharge de leur usure même que, sans cette torture de leurs contempteurs, agréable et avantageuse à l'occasion, ils seraient difficilement parvenus à s'estimer eux-mêmes si longtemps. Car notre estime pour nous-mêmes est liée à la possibilité de rendre le bien et le mal. Toutefois, il est rare que leur vengeance les entraîne trop loin en ce domaine : car ils ont tous la liberté d'esprit et de cœur qu'apportent à l'homme les changements fréquents de lieu, de climat, de mœurs des voisins et des oppresseurs ; ils possèdent, et de loin, l'expérience la plus vaste de toutes les relations humaines et ils conservent même dans la passion l'usage de la prudence née de ces expériences. Ils sont si assurés de leur souplesse intellectuelle et de leur astuce qu'ils n'ont jamais besoin, même dans la situation la plus difficile, de gagner leur pain par leur force physique, comme grossiers manœuvres, portefaix, esclaves agricoles. On voit encore à leurs manières qu'on n'a jamais mis de sentiments chevaleresques et aristocratiques dans leur âme, ni de belles armes à leur ceinture : une certaine importunité alterne avec une obséquiosité souvent tendre et presque toujours pénible. Mais maintenant, alors qu'inévitablement ils s'allient davantage d'année en année avec la meilleure noblesse d'Europe, ils auront déjà l'allure suffisamment aristocratique pour ne pas susciter, en tant que seigneurs, la honte de leurs sujets. Et c'est ce qui importe ! C'est pourquoi un règlement de leur cas reste aujourd'hui prématuré. Ils sont les premiers à savoir qu'il n'est pas question pour eux de conquête de l'Europe ou d'une quelconque violence : mais ils savent aussi que l'Europe, comme un fruit bien mûr, devrait tomber un jour entre leurs mains qu'il suffira de tendre. En attendant il leur faut pour cela se distinguer dans tous les domaines de la distinction européenne et se ranger parmi les premiers : jusqu'à ce qu'ils en arrivent à déterminer eux-mêmes ce qui distingue. On les appellera alors inventeurs et guides des Européens dont ils n'offenseront plus la pudeur. Et cette abondance de grandes impressions accumulées que constitue l'histoire juive pour toutes les familles juives, cette abondance de passions, de vertus, de décisions, de renoncements, de combats, de victoires de toutes sortes – à quoi devrait-elle aboutir, sinon, finalement, à de grands hommes et à de grandes œuvres intellectuelles ! Alors, quand les juifs pourront montrer comme leur œuvre des gemmes et des vases d'or tels que les peuples européens, avec leur expérience plus courte et moins profonde, ne peuvent ni ne purent jamais en produire, quand Israël aura transformé sa vengeance éternelle en une bénédiction éternelle de l'Europe : alors reviendra ce septième jour où le vieux dieu des juifs pourra se réjouir de lui-même, de sa création et de son peuple élu – et nous tous, nous voulons tous nous réjouir avec lui (*Aurore*, § 205).

Du musée juif de Berlin, dont le zigzag architectural s'allonge dans la ville comme un éclair au cimetière juif de Labastide-Clairence (à quelques kilomètres de Bayonne en plein arrière-pays basque) il y a comme une synthèse douloureuse et exemplaire, enthousiasmante et riche de pédagogie, des moments du peuple juif dans sa capacité de créativité comme dans l'éternité préservée de sa mémoire. Aller de l'un à l'autre, du musée ultra-moderne de Berlin au cœur de la Mitteleuropa au cimetière israélite de Labastide-Clairence sur les contreforts Atlantiques ayant conduit juifs d'Espagne et du Portugal à devenir citoyens de Navarre avant que de rallier Bordeaux et Paris (exemplaire parcours d'un Mendès France, « portugais de Bayonne », avant que de devenir « Républicain de France ») est un chemin proposé pour vos prochains voyages : dans les forêts que nous devons traverser avec tous leurs dangers, il y a, chacun d'entre vous, lectrice et lecteur le sait, une clairière en cours de route, en marge de l'avenue, au bout du sentier. Alors, plein de l'allégresse que je souhaite contagieuse, allez vite, très vite, découvrir les clairières que sont le Musée juif de Berlin, le cimetière juif de Labastide-Clairence. Elles sont clairières pour Anne F. Elles sont reposoir des textes de F. Nietzsche ici cités.

Œuvre de Daniel Libeskind (l'architecte retenu pour la reconstruction des tours du World Trade Center), le Musée juif de Berlin, tout en zigzag – interprété comme une étoile de David dépliée ou déconstruite par les affres de l'Histoire – ce musée au nom emblématique « between the lines » (entre les lignes) est d'abord invitation au chemin, parcours dans l'histoire, irruption dans des espaces qui disent dans l'absolu du silence, l'absolu de la disparition. Silence absolu de notre éternelle Anne F.

Au rez-de-chaussée de ce Musée se croisent deux couloirs, l'un symbolise la marche vers l'exil, l'autre la marche vers l'extermination. Elle est représentée par une salle vide. Il faut rentrer seul dans cet espace qui s'élève très haut mais encore si loin du ciel. Un peu de lumière par beau temps. Ombre absolue quand les nuages occupent le ciel. Il y a bien une échelle. Elle est trop haute pour qu'on puisse l'atteindre. La fuite est impossible. Les bruits de la ville sont là. Mais ils sont très éloignés. Il n'existe pas de correspondance esthétique pour l'Holocauste. Cet espace est l'Holocauste. La tragique maison d'après pour Anne F.

Dehors, adossé au Musée, le jardin de l'exil dominé par une petite forêt de stèles en béton. Promenade d'entre les stèles. Promenade d'entre les arolles de Sils-Maria, au cœur de ces forêts où la liberté pleine de la toute jeune Anne semblait figer le temps du bonheur dans ces démocraties qu'on persistait à s'imaginer existentielles comme la République de Weimar. Idéal constitutionnel, sésame paradoxal et pathétique du totalitarisme nazi. Leçons pour aujourd'hui alors que le vent populiste pousse ses nuages sombres sur l'Europe démocratique. À leur sommet, là-haut, tout là-haut poussent des arbustes. Au printemps et en été, feuillage déployé c'est un baldaquin de verdure. Évocation par association de Sukkot, la fête des Tabernacles. Et puis, bien sûr, les salles d'exposition sur trois étages, à la structure labyrinthique comme s'il fallait laisser à l'imaginaire le soin de trouver l'endroit où se cacher. Au cas où l'histoire se répéterait...

Au cœur du Pays-Basque, à 2 000 kilomètres de là, dans la bastide de Labastide-Clairence, le cimetière juif. Une route le sépare du cimetière chrétien et de l'église. Une quinzaine de stèles disent pour l'éternité la présence d'une forte communauté juive aux XVIIe et XVIIIe siècles. On les appelait « portugais » car venus de ce pays. Mais le « Corps de Ville », conseil municipal du temps où Labastide était en Navarre et non pas en France, les appela – il y avait près d'une centaine de familles ! – « nation juive ». La République locale de Navarre avait presque deux siècles d'avance sur Théodore Herzl... ! Anne citoyenne lointaine mais si proche de cette nation.

L'été est déjà là. Arpentez, lecteur, le jardin des stèles de Berlin (là les stèles sont verticales) et le « jardin des stèles » de Labastide-Clairence (là en ce cimetière unique, elles sont horizontales). Vous donnerez alors à l'expression du philosophe Descartes « je me promène donc je suis » une portée existentielle telle que chacun de vos pas sera une revanche sur l'Histoire. Chacun des pas d'Anne dans sa maison d'Amsterdam. Chacun des pas d'Anne dans la forêt de Sils-Maria. Chacun des pas d'Anne dans les empreintes du promeneur Nietzsche. Chacun des pas d'Anne à Bergen-Belsen. Chacun des pas de l'éternité sans tombe…

ANNE FRANK écrivait à Kitty, créature de fiction :

> Imagine-toi l'intérêt d'un roman que je publierais sur « l'arrière-maison ». Le titre ferait évidemment croire aux gens qu'il s'agit d'un roman policier. Lorsque plusieurs années, peut-être une dizaine d'années après la guerre, nous raconterons, nous autres Juifs, que nous avons parlé, mangé, vécu dans ces lieux, ne jugera-t-on pas notre récit invraisemblable ?

Arrière-maison dont le rêve assure la localisation à Sils-Maria. Arrière-maison du temps d'avant. D'avant l'avalanche absolue des totalitarismes. Arrière-maison du temps et de l'espace d'ailleurs : douce Engadine accueillante, haut lieu d'une enfance dans la respiration de l'altitude. Arrière-maison, comme « l'arrière-pays » du poète, protecteur des corps et des âmes. Arrière-maison celle d'Anne F. à l'écart de Sils-Maria, vers laquelle il faut monter pour la trouver dans l'arrière forêt. Arrière-maison, celle de F. Nietzsche puisque retirée de la grève marchande des espaces touristiques, pour, à flanc de rochers, donner l'éternelle impression d'attendre la marée montante soudaine du torrent toujours à craindre des populismes impétueux. Dialogue à travers l'espace-temps des arrière-maisons de Friedrich N. et d'Anne F. : entre les deux, Einstein est venu ici s'arrêter, à mi-chemin à l'hôtel Waldhaus. Personne ne nous a conté ses rêves. Pas même Freud qui laissa les arrière-maisons à leur intemporalité alors qu'il voyageait en Engadine et écrivait à Martha sa femme le 13 août 1898 : « Le trajet de Pontresina jusqu'ici et Maloja, avec son glacier, le lac, les montagnes, le ciel, tout cela est incomparable ! » Incomparable arrière-maison. Incomparable arrière-pays.

Entre Friedrich Nietzsche et Anne Frank je souhaite vivre ces arrière-maisons pour mieux partager leur promenade. Je vais ainsi de l'une à l'autre, sous le soleil, dans la tempête de neige, au cœur du brouillard. À plusieurs reprises je rentre dans la Maison de Nietzsche. J'oublie qu'elle est musée. Nous en ressortons avec le Philosophe pour rejoindre Anne F. tout là-haut, au-dessus du torrent. La promenade est longue. Nous avons plaisir à l'effectuer chaque jour. Elle est promenade éternelle avec ces grands seigneurs des arrière-maisons.

Le printemps 2005 offre de belles promenades. Les premières fleurs naissaient. Le printemps était là. La brume du matin s'était levée. Il faisait beau. La statue de glace du visage du Philosophe sculptée aux hautes températures de l'hiver 2005 avait peu à peu fondu. L'eau suintait. Le nez, les cheveux, les yeux disparaissant sous les épais sourcils, se transformaient en larmes. Comme si Nietzsche pleurait. Avec avril les moustaches tombèrent. On voyait à nouveau le bel Aigle noir devant lequel Cocteau s'agenouillait lors de ses pèlerinages. L'arrière-maison – et notamment le bureau du philosophe – attirait les rayons du soleil printanier. On avait même l'impression qu'il prenait naissance dans l'arrière-maison d'Anne F. Rayons du soleil des promenades. Paul Celan fait irruption puis disparaît : « Écritures d'ombres sur les pierres », immémoriales stèles. Dans le pays au-delà du crépuscule, croisement d'âmes sur les sentiers de l'Alpe. Il fait beau à Sils-Maria.

Bibliographie

Œuvres de Nietzsche :
Le Gai Savoir, Œuvres complètes [O.C.], t. V, trad. P. Klossowski, éd. revue, corrigée et augmentée par M. B. de Launay, Paris, Gallimard, 1967/1982.
Humain, trop humain, Œuvres complètes [O.C.], t. VII, trad. C. Heim, I. Hildenbrand et J. Gratien, Paris, Gallimard, 1968, 2 vol.
Aurore. Réflexions sur les préjugés moraux, Œuvres complètes, t. IV, trad. J. Hervier, Paris, Gallimard, 1970.
Par-delà bien et mal, Œuvres complètes [O.C.], t. VII, trad. C. Heim, I. Hildenbrand et J. Gratien, Paris, Gallimard, 1971.
Ainsi parlait Zarathoustra, Œuvres complètes [O.C.], t. VI, trad. M. de Gandillac, Paris, Gallimard, 1971.
La Généalogie de la morale, Œuvres complètes [O.C.], t. VII, trad. C. Heim, I. Hildenbrand et J. Gratien, Paris, Gallimard, 1971.
Le Crépuscule des idoles, Œuvres complètes [O.C.], t. VIII, trad. C. Heim, I. Hildenbrand et J. Gratien, Paris, Gallimard, 1974.
Nietzsche contre Wagner, Œuvres complètes, t. VIII, C. Heim, I. Hildenbrand et J. Gratien, Paris, Gallimard, 1974.
L'Antéchrist, Œuvres complètes [O.C.], t. VIII, trad. J.C. Hémery, Paris, Gallimard, 1974.
La Volonté de puissance, trad. G. Bianquis, Paris, Gallimard, 1948.
Briefwechsel, Kritische Gesamtausgabe, W. de Gruyter, Berlin, 1973-93.
Dernières Lettres, préface de J.-M. Rey, trad. C. Perret, Paris, Rivages, 1989.

Yirmiyahu Yovel, *Les Juifs selon Hegel et Nietzsche : la clef d'une énigme*, Seuil, 2001.

Anne Frank, *Journal.*
Pierre-Jean Jouve, *Œuvres complètes*, Mercure de France, 1987.
Melissa Müller, *La Vie d'Anne Frank,* traduit de l'allemand par Anne Weber, éditions France Loisirs, 2001.

Achevé d'imprimer en mars 2006
sur les presses de l'imprimerie Chirat
(42540 St-Just-la-Pendue),
pour le compte des éditions Michalon,
collection *encre marine*
selon une maquette fournie par leurs soins.
Dépôt légal : mars 2006 - N° 8718
ISBN : 2-84186-305-0